GÉOGRAPHIE ÉLÉMENTAIRE

POUR

L'ALGÉRIE

A L'USAGE DE L'ENSEIGNEMENT PRIMAIRE

Publiée sous la direction de

E. LEVASSEUR

Membre de l'Institut.

COMPRENANT :

1° GÉOGRAPHIE DU DÉPARTEMENT : UNE COMMUNE; le DÉPARTEMENT (géographie physique; géographie politique et administrative, géographie économique; géographie historique), par FAIVRE, professeur au lycée d'Alger.

2° NOTIONS PREMIÈRES SUR LE GLOBE; 3° FRANCE (géographie physique; géographie politique et administrative; géographie économique et description des départements) 4° EUROPE (géographie physique; géographie politique); 5° TERRE, par CH. PÉRIGOT, professeur d'Histoire et de Géographie au lycée Saint-Louis.

NOTA. — N'apprendre par cœur que les résumés : lire attentivement et bien comprendre tout le reste. Regarder sur la carte la place de chaque nom, et graver cette place dans sa mémoire. Faire, autant que possible, une carte pour chaque leçon en se servant de cartes muettes ou de transparents.

PARIS

CH. DELAGRAVE

ÉDITEUR DE LA SOCIÉTÉ DE GÉOGRAPHIE

58, RUE DES ÉCOLES, 58

—

1874

PRÉFACE.

On a écrit un grand nombre d'ouvrages fort intéressants sur l'Algérie, et cependant, est-il possible d'affirmer que cette belle colonie soit connue en France ? Non, certainement. Beaucoup d'Algériens même ignorent les notions les plus élémentaires de la géographie de cette contrée. Expliquer cette étrange anomalie est chose facile. Les ouvrages qui ont été publiés jusqu'à ce jour, sur l'Algérie, sont presque tous très-considérables et traitent d'une manière toute spéciale les questions historiques ou administratives ou encore les questions relatives aux diverses cultures, à la construction des barrages, l'exploitation des mines ou des forêts, etc., etc. Ces ouvrages ne peuvent donc être consultés que par des personnes capables de se livrer à une étude sérieuse et approfondie du pays. En Algérie comme en France, l'enseignement de la géographie a été très-délaissé : on a continué à surcharger la mémoire des enfants en leur faisant apprendre une nomenclature aride, dans laquelle l'orthographe des noms n'est pas même respectée.

Le but que nous avons cherché à atteindre est celui-ci : donner aux jeunes Algériens les moyens de connaître leur pays, ses principales richesses et ses productions si variées. Avec les notions qu'ils puiseront dans le petit ouvrage que nous leur offrons, ils pourront consulter avec fruit les ouvrages plus considérables dont nous avons parlé plus haut. Peut-être ces notions élémentaires éveilleront-elles, chez ceux qui les posséderont, le désir d'étendre leurs connaissances géographiques ? L'Algérie qui est aux portes de la France (la traversée de Marseille à Alger se fait en 32 heures) y est fort peu connue. On ignore ce qu'elle est, on redoute son climat, le voisinage des indigènes, enfin on ne la connaît que par les récits exagérés et quelquefois malveillants de ceux qui, pour se faire une réputation ou servir leurs intérêts personnels, n'ont pas craint d'altérer la vérité sous toutes ses formes. Il n'est que temps de réagir contre ces erreurs si préjudiciables aux intérêts de la France et de l'Algérie.

Guidé dans notre travail par la méthode qui a été mise en pratique dans la collection des géographies départementales composées sous la direction de M. E. Levasseur, membre de l'Institut, nous espérons que le petit ouvrage que nous publions aujourd'hui répondra aux premiers besoins de l'enseignement élémentaire.

Nous ne pouvons terminer ces quelques lignes sans témoigner l'expression de notre plus profonde reconnaissance à M. Levasseur et à M. Boissière, inspecteur de l'Académie d'Alger, qui, avec une obligeance sans égale, ont bien voulu nous diriger dans la préparation et l'ordonnance de notre travail.

P. O. FAIVRE.

Tableau indiquant la position et l'importance des principaux centres de la population de l'Algérie.

Province d'Alger.

NOMS des LOCALITÉS.	DISTANCE du CHEF-LIEU.	POPULATION		Maximum de température	Altitude.	SIGNIFICATION DES NOMS ARABES.	ANCIENNES DÉNOMINATIONS ROMAINES.
		Européenne.	Indigène.				
Alger.	»	34,000	18,000	32º	25 mèt.	El-Djezaïr-les-Ilots.	Icosium.
Aumale.	128 kilom.	1,600	1,200	»	850 —	Sour-el-Gozlan (le fort des Gazelles).	Auzia ou Auza.
Blida.	50 —	5,000	2,000	40º	269 —	La petite ville.	
Boghar	169 —	150	250	»	969 —	La grotte.	
Boufarik.	34 —	3,500	1,500	»	260 —		
Cherchel.	114 —	1,150	2,200	»	25 —		Julia Cœsarca.
Djelfa	330 —	540	1,200	»	1170 —		
Douéra.	29 —	460	850	»	312 —		
Dra-el-Mizant	98 —	-300	450	»	450 —	Le tertre de la balance	
Koléa.	40 —	1,700	1,000	36º	136 —	La petite forteresse.	
Dellis.	106 —	2,000	1,750	»	55 —		Rusucurrinne.
Laghouat.	448 —	750	2,950	47º	780 —		
Médéa	90 —	4,000	3,500	36º	920 —	La ville du milieu.	
Miliâna.	132 —	3,000	2,600	38º	740 —	La peuplée.	Maliana.
Mouzaïa	64 —	200	170	»	267 —		
Orléansville	226 —	1,500	850	45º	140 —		Tingitanum Castellum.
Ouargla	800 —	»	7,000	»			
Ténès.	279 —	1,000	1,300	»	47 —		Cartennoe.
Tizi-Onzou.	131 —	250	300	»	965 —		Oppidium.

Province de Constantine.

NOMS des LOCALITÉS.	DISTANCE du CHEF-LIEU.	POPULATION		Maximum de température	Altitude.	SIGNIFICATION DES NOMS ARABES.	ANCIENNES DÉNOMINATIONS ROMAINES.
		Européenne.	Indigène.				
Constantine .	»	10,000	24,000	40°	600 m't.	La Source blanche.	Cirta.
Aïn-Beïda . .	100 kilom.	120	450	»	800 —	Le Bivac.	
Batna	115 —	1,300	700	»	1125 —		Ad Piscinam.
Biskra. . . .	236 —	800	3,200	50°	125 —		Hippone. Hippo Regius.
Bône.	156 —	8,000	4,000	38°	20 —		
Bordj - Bou - Ariridj . .	192 —	250	280	»	915 —	La Forteresse du boiteux.	
Bou-Saada .	290 —	200	2,500	43°	569 —		
Djemila . . .	92 —	150	»	»	»		Cuiculum.
Djijelli. . . .	105 —	500	1,500	»	5 —		Ijiljilis.
Bougie . . .	213 —	1,500	950	»	5 —		Salvæ.
La Calle. . .	216 —	2,000	500	»	15 —		
Lambèse. . .	118 —	40	200	»	1135 —		Lambæse.
Mila.	36 —	100	1,500	»	484 —		Mileum.
Msila.	235 —	250	400	»	550. —		
Philippeville.	80 —	700	1,500	»	20 —		Rusicade.
Sétif.	130 —	2,300	1,200	38°	1095 —		Sitifis.
Guelma . . .	100 —	2,000	1,200	40°	280 —		Kalama.
Souk Ahrras.	156 —	450	1,000	»	680 —	Le Marché du bruit.	Tagaste ou Thagaste.
Tébessa . . .	190 —	200	1,000	»	»		Thevesta.
Tougourt . .	456 —	80	3,000	50°	»		

Province d'Oran.

NOMS des LOCALITÉS.	DISTANCE du CHEF-LIEU.	POPULATION		Maximum de température	Altitude.	SIGNIFICATION DES NOMS ARABES.	ANCIENNES DÉNOMINATIONS ROMAINES.
		Européenne.	Indigène.				
Oran.	» kilom.	17,000	3,000	30°	40 mèt.		
Aïn-Temou-chent . . .	70 —	500	400		250 —		Timici.
Daïa.	153 —	600	200		1275 —	La Mare.	
Gériville. . .	326 —	Poste militaire.			1360 —		
Mers-el-Kébir	8 —	1,000	600		4 —		Portus Magnus.
Mostaganem.	86 —	4,000	6,000		105 —		Murustaga.
Maskara . . .	96 —	2,500	5,000	38°	590 —		
Nemours. . .	220 —	300	700		3 — Djemma-Chazaoua (le Nid des Pirates).		Ad Fratres.
Sidi-bel-Ab-bès	82 —	1,500	3,000		500 —		
Saïda	176 —	250	100		890 —	L'Heureuse.	
Saint-Denis-du-Sig . .	82 —	2,000	500		500 —		
Thiaret . . .	220 —	250	500		1100 —	La Station.	
Tlemsen. . .	130 —	3,000	14,000	35°	816 —		Pomaria.
Sebdou. . . .	165 —	200	100		958 —	La Lisière.	Atoa ?

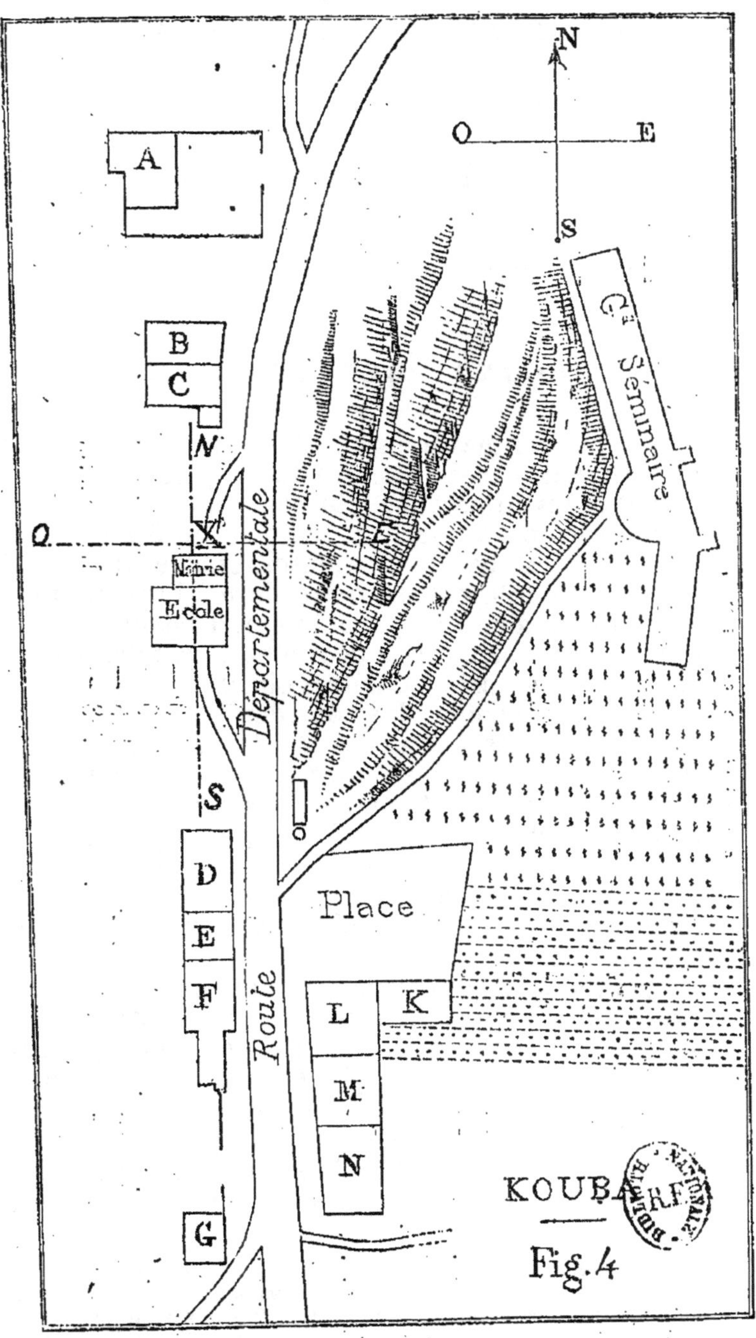

Fig. 4. Plan des environs d'une école. Chaque maître dessinera au tableau le plan des environs de son école.

GÉOGRAPHIE ÉLÉMENTAIRE

DE

L'ALGÉRIE

LEÇONS PRÉPARATOIRES

1. — Où sommes-nous ? à X... (1). Lorsque nous nous trouvons placés au centre du village, que voyons-nous ? Par les intervalles qui séparent les maisons, nous apercevons à une distance de 5 ou 6 kilomètres les prairies, les champs qui entourent le village. Si nous gravissons le coteau qui s'élève à l'extrémité de la rue principale, notre vue s'étend beaucoup plus loin, nous voyons alors, à droite et à gauche, devant nous, d'autres prairies, d'autres champs, d'autres villages ; à une distance plus considérable, nous remarquons de grandes élévations de terre terminées par des pointes plus ou moins aiguës qui semblent atteindre le ciel ; d'un autre côté, une grande plaine se déroule devant nous, elle s'étend si loin, que le ciel semble s'abaisser insensiblement en décrivant une courbe et se reposer à son extrémité. Cette étendue de terre que nous pouvons ainsi embrasser d'un seul coup d'œil s'appelle *horizon*.

Une personne sans instruction, qui n'aurait jamais voyagé, pourrait s'imaginer que la terre ne s'étend pas au delà de l'horizon ; cela serait une grave erreur pourtant, et l'étude de la géographie a précisément pour but de nous donner une idée aussi exacte que possible des diverses contrées que nous ne pouvons visiter. Cette étude nous fait connaître l'étendue des terres et des mers, la position des montagnes, le cours des fleuves,

---

(1) L'instituteur aura soin, dans cette leçon préparatoire, de remplacer les initiales B. C. D. etc., par les noms des villages qui occupent par rapport à la localité qu'il habite des positions analogues à celles qui sont indiquées par les lettres B. C. D. relativement à X.....

la situation des villes et des villages, les productions de chaque pays, les relations commerciales qui existent entre les diverses nations.

Au delà de ces élévations de terre nommées *chaînes de montagnes*, au delà de ces plaines, il existe d'autres espaces très-vastes dont il est difficile de constater l'étendue. Pour parcourir ces immenses espaces, il a fallu chercher les moyens de se diriger sûrement et le plus directement possible d'un endroit vers un autre. Or, on a remarqué que, tous les matins, le soleil s'élevait au-dessus de l'horizon à peu près au même point, que tous les soirs, il disparaissait au-dessous du même horizon à un point fixe directement opposé au premier ; qu'à midi, il se trouvait toujours à égale distance de ces deux points extrêmes de sa course journalière, que le point qui devait se trouver opposé directement à celui où le soleil se trouve à midi était indiqué par une étoile fixe

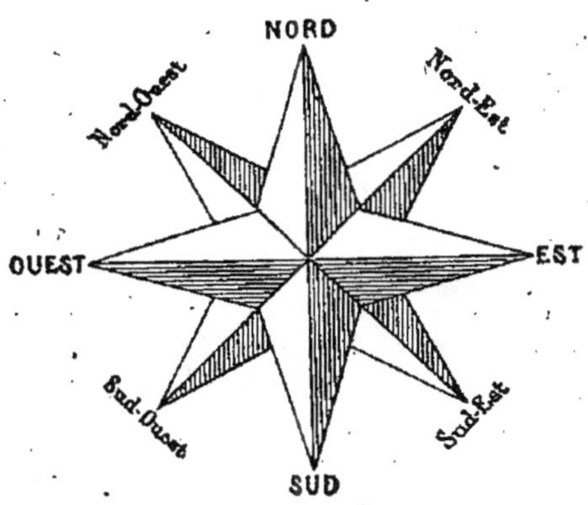

Fig. 1. Points cardinaux et points secondaires.

appelée l'*étoile polaire*. Ces remarques faites, on est convenu de désigner le premier de ces points par les noms de *Levant*, *Est* et *Orient*, le deuxième par ceux de *Couchant*, *Ouest* et *Occident*; le troisième s'est appelé *Midi* ou *Sud*, le quatrième *Septentrion* ou *Nord*. Ces quatre points sont appelés *points cardinaux* (fig. 1).

2. — D'après ce qui précède, il est facile de concevoir que les deux lignes qui joindraient deux à deux les points cardinaux diamétralement opposés, formeraient une croix dont les branches indiqueraient la position des lieux par rapport à celui qui se trouverait au centre, c'est-à-dire au point d'intersection des deux lignes (fig. 2).

En effet, supposons qu'étant placés au milieu de la grande place qui s'étend devant la mairie, nous tracions sur le sol une ligne qui, indéfiniment prolongée, passerait par l'est et l'ouest, puis une autre qui, aussi prolongée à l'infini, passerait par le nord et le sud, nous ne ferions que reproduire sur le terrain la fig. 1.

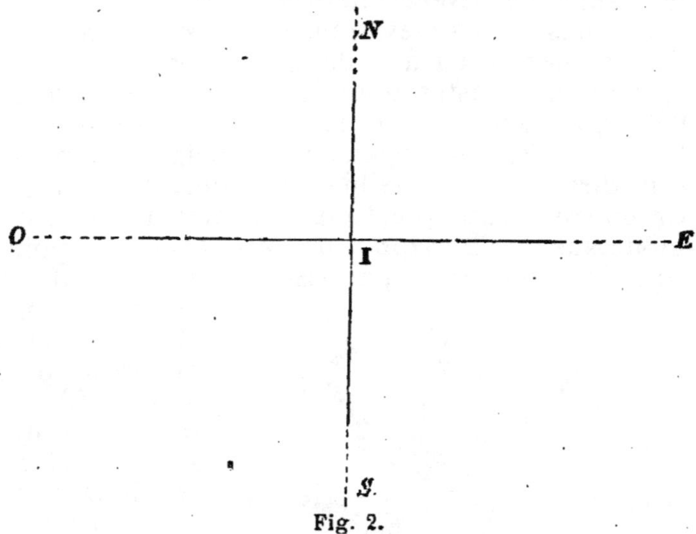

Fig. 2.

Or, remarquons que la ligne qui part de X..., c'est-à-dire du point où nous sommes placés, et se dirige vers

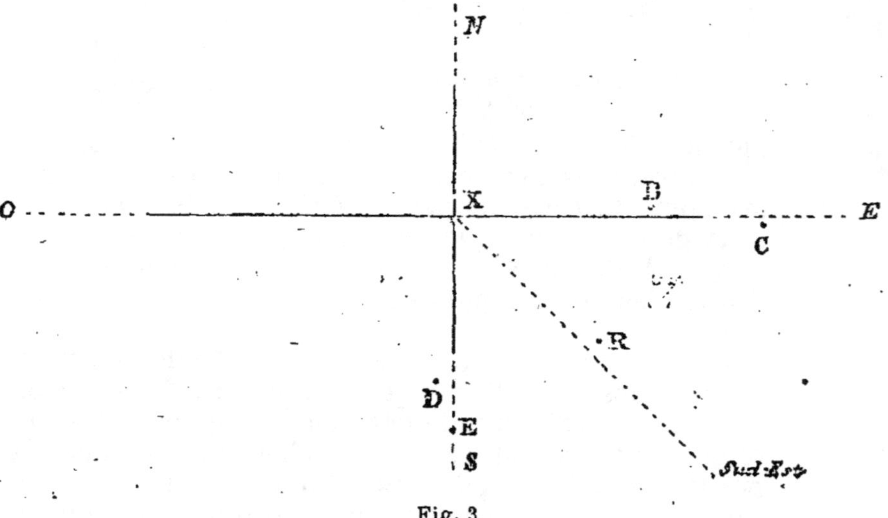

Fig. 3.

l'est ou le levant, traverse les villages B... et C..., que la partie de la ligne qui part du même point X en prenant la direction du sud passe par les villages de

1.

D... et E... Nous dirons donc que B... et C... sont à l'est de X...., que D.... et E.... sont au sud de X..... C'est ainsi qu'un étranger de passage à X... pourrait, avec ces seules indications, se rendre à B..., C..., D... ou E... si toutefois il connaissait la position des points cardinaux. Se diriger ainsi dans un voyage, c'est ce que l'on appelle s'*orienter*.

3. — La position des villages qui se trouvent entre l'écartement des lignes indiquant la direction des quatre points cardinaux, est indiquée par des points intermédiaires pris entre chacun des quatre points principaux. Ainsi le village R..., qui se trouve entre B... et D... (fig. 4), n'est ni à l'est, ni au sud de X..., mais sa position est déterminée par une ligne qui part de X... à égale distance de l'est et du sud : cette direction s'appelle le sud-est.

4. — Les points intermédiaires sont : le *nord-est*, entre le nord et l'est ; le *sud-est*, entre le sud et l'est ; le *sud-ouest*, entre le sud et l'ouest ; le *nord-ouest*, entre le nord et l'ouest.

L'ensemble de toutes ces directions avec les quatre points fondamentaux forment ce que l'on appelle la *rose des vents*.

5. — On comprend dès lors qu'il suffit pour s'orienter de pouvoir reconnaître la position d'un seul des points cardinaux pour déterminer la position de tous les autres, puisque si l'on est tourné vers le nord, par exemple, on a l'est à sa droite, l'ouest à sa gauche et le sud derrière soi.

6. — On n'éprouve aucune difficulté pour reconnaître la direction des points cardinaux en plein jour et lorsque le soleil brille de tout son éclat ; mais l'opération devient un peu plus difficile dans la nuit et lorsque le ciel est couvert de nuages. Il faut savoir trouver l'étoile polaire qui indique le nord, ou être à même de se servir de la *boussole*.

Pour trouver l'étoile polaire, il suffit de chercher la Grande-Ourse, cette constellation est composée de sept étoiles très-brillantes dont quatre disposées en rectangle, et trois autres en forme de queue (fig. 5). L'étoile qui se trouve en ligne droite avec les deux étoiles qui forme le côté du rectangle opposé à celui de la queue est l'étoile polaire.

La boussole (fig. 6) est un instrument composé ;

1º d'un cadran portant l'indication des points cardinaux et divisé en 360º ; 2º d'une aiguille aimantée et mobile montée sur un pivot. Cette aiguille se tourne toujours d'elle-même vers le nord, ou plus exactement vers le nord-nord-ouest, de sorte que pour avoir la direction réelle du nord, il faut laisser entre le point qui est marqué nord et la pointe de l'aiguile 22º 1/2 du côté nord-ouest.

7. — On appelle COMMUNE une portion du territoire de l'Algérie ou de la France. Dans cette dernière contrée on compte environ 36,000 communes. Quoique l'Algérie soit presque aussi vaste que le tiers de la France, on ne compte guère que 800 à 850 communes. Ce fait tient à deux causes principales, la population est de beaucoup inférieure à celle de la France

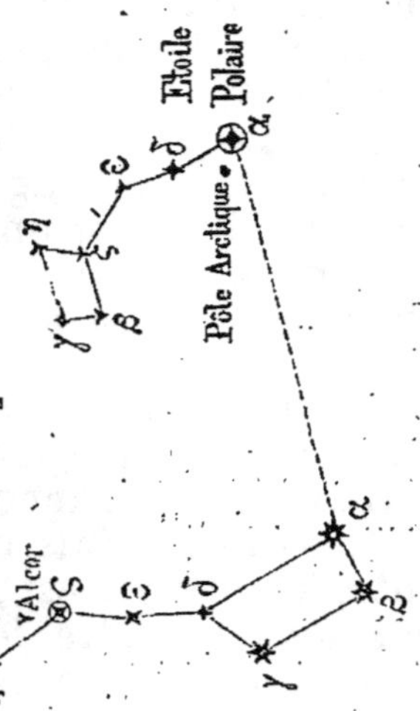

Fig. 5. Étoile polaire.

pour la même étendue de territoire, en outre l'Algérie comme nous aurons l'occasion de l'expliquer plus loin est divisée en territoire civil et en territoire militaire. Le territoire civil seul est divisé en communes.

8. — La localité que nous habitons est désignée sous le nom de *Kouba*. La maison d'école avec la mairie a la forme d'un rectangle, elle est située au centre du village ; l'une de ces façades se trouve précisément tournée vers le nord, de sorte que si nous représentons cette maison dans le dessin

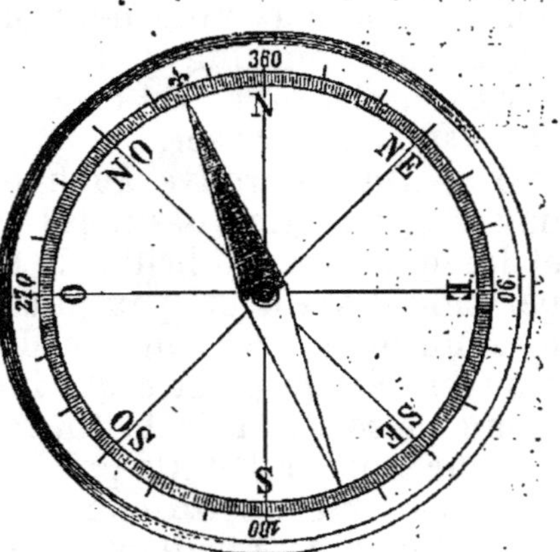

Fig. 6. Boussole.

(p. 6, fig. 4) par un petit rectangle mille fois plus petit, que nous réduisions toutes les distances dans la même proportion, nous pourrons alors figurer sur le même dessin toutes les habitations du village, tracer les chemins, indiquer par des hachures les pentes des collines ou des coteaux. C'est ainsi, qu'étant placé devant la mairie au point X, tourné vers le nord, nous aurons la route départementale d'Alger à Blida, qui rase l'école, à l'Est; en allant du Nord au Sud ; que sur le côté est de la route un peu vers le Sud, c'est-à-dire au Sud-Est de la maison d'école, nous figurerons les maisons K. L. M. N.; qu'à l'Est, vis-à-vis l'école nous placerons la fontaine, qu'au sud de la même maison, nous tracerons le plan des maisons D. E. F. G. ; qu'au Nord, nous placerons les constructions A. B. C., au Nord-Est, le grand séminaire.

Les hachures qui se trouvent entre la route départementale et les vignes du séminaire représentent le versant occidental du coteau sur lequel sont élevés les bâtiments du séminaire.

9. — Si l'on réduit cette carte à des dimensions très-minimes, et que l'on prenne cette carte comme base d'opération ainsi que nous l'avons fait avec la maison d'école lorsqu'il s'agissait de dresser la carte d'un village, en groupant autour de ce point 20 ou 25 communes, on obtiendra la carte du canton. On opérera de la même manière pour obtenir la carte du département, puis de la France, etc., en groupant les cartes des cantons, puis celles des départements.

10. Administration des communes. — Les communes sont administrées par des maires assistés de leurs conseils municipaux.

En Algérie, les conseils municipaux sont composés de Français, d'étrangers et de musulmans.

Les membres de ces conseils sont nommés par le suffrage universel. Leur nombre peut varier entre dix et trente-six suivant le chiffre de la population de chaque commune. Dans toutes les communes, il existe des biens appelés biens communaux. Ces propriétés ne peuvent être vendues ou échangées qu'au profit de la communauté avec approbation de l'autorité supérieure compétente.

11. — Les revenus de ces biens avec les impôts et les taxes qui sont payés par les habitants entre les mains du receveur municipal servent à payer les dépenses de la commune. Le conseil municipal vote le budget de la commune, qui est ensuite soumis à l'approbation préfectorale, il règle, sauf approbation de l'autorité, l'emploi de toutes les ressources de la commune qu'il affecte à la construction d'édifices communaux à l'établissement de conduites d'eau, à la création de chemins vicinaux ou ruraux. Il réglemente la tenue des marchés et prend telle ou telle mesure d'ordre et d'économie qui lui paraît utile.

Le maire ou son délégué est officier de l'état civil, il reçoit gratuitement toutes les déclarations relatives aux actes de naissances, mariages et décès ; il est en outre chargé de la rédaction de ces actes.

12. — En territoire militaire, les tribus sont divisées en *douars* ou communes indigènes. Ces douars placés sous l'autorité du caïd et des bureaux arabes, sont administrés par un cheik assisté d'un conseil appelé djemââ. La djemââ est nommée à l'élection.

A ses fonctions d'administrateur supérieur, le cadi joint encore celles de juge et d'officier d'état-civil.

A la tête de plusieurs tribus occupant un territoire étendu, se trouve un *agha* qui est à son tour soumis à l'autorité d'un *bach-agha*, placé sous l'autorité du bureau arabe.

Il faut néanmoins remarquer que l'agha et le bach-agha ne sont pas absolument chargés de l'administration, ils jouent plutôt un rôle politique en maintenant par leur influence l'ordre et l'obéissance dans leur cercle respectif.

Résumé des leçons préparatoires.

I. — Horizon. On appelle horizon l'étendue de territoire que nous pouvons embrasser d'un seul coup d'œil tout autour de nous.

II. — Points cardinaux. Les quatre points cardinaux sont : l'Est, l'Ouest, le Sud et le Nord.

III. — Lorsqu'on se dirige d'un endroit vers un autre d'après la position des points cardinaux, on dit que l'on *s'oriente*.

IV. — L'Etoile polaire est une étoile fixe dont la position est indiquée par la Grande-Ourse.

V. — La boussole est un instrument composé d'un cadran et d'une aiguille aimantée qui a la propriété de se diriger vers le nord, un peu à l'ouest du nord véritable cependant.

VI. — Une commune est une portion de territoire habitée par un nombre plus ou moins considérable de familles régies par une administration commune.

VII.— On appelle *douar* une commune composée entièrement d'indigènes. Le douar est administré par un cheik assisté de la djemââ. Quelquefois plusieurs *douars* réunis forment une commune indigène.

PREMIÈRE PARTIE

GÉOGRAPHIE PHYSIQUE.

13. Bornes. — Les lignes qui forment les contours de l'Algérie présentent, à peu près, la figure d'un immense rectangle dont les grands côtés s'appuient, l'un au nord, sur la mer *Méditerranée*; l'autre, au sud, sur le *Sahara*; tandis que les petits côtés s'élèvent perpendiculairement sur les premiers, formant l'un la limite de l'Algérie et du *Maroc*, à l'ouest; l'autre celle de l'Algérie et de la *Tunisie*, à l'est.

14. Golfes et caps. — Comme nous venons de le dire, la partie nord de l'Algérie est entièrement baignée par la mer Méditerranée. Ses côtes se développent de l'est à l'ouest, entre le 37° et le 36° de latitude nord, sur une longueur d'environ 900 kilomètres comprise entre 6° 30' longitude Est et 4° longitude Ouest. Elles sont découpées par un grand nombre de baies, de rades ouvertes à tous les vents et qui n'offrent que de rares refuges aux navires assaillis par la tempête dans ces parages. Ces rades ou baies formées par des enfoncements plus ou moins profonds creusés et remplis par les eaux de la mer sont séparées les unes des autres par des pointes de terres qui s'avancent dans la mer et qu'on appelle *caps* (fig. 7). Nous ferons remarquer que si une rade atteint des proportions considérables, elle prend le nom de *golfe*.

Fig. 7. Vue d'un cap.

Les principales rades sont celles de *Bône*, de *Kollo*, de *Bougie*, d'*Alger*, d'*Arzew* et d'*Oran*.

Les caps les plus considérables que l'on rencontre

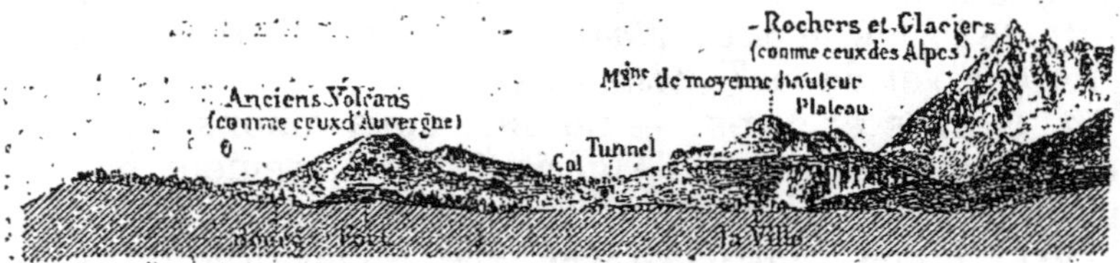

Fig. 8. Vue des montagnes sur la rive droite de la route.

sur les côtes de l'Algérie sont les caps de *Garde*, de *Fer*, *Carbon*, *Corbelin*, *Bengut*, *Matifou*, *Caxine*, *Ténès* et *Falcon*.

15. — Ce qui caractérise l'aspect général des côtes de l'Algérie, c'est l'encaissement des vallées et l'inclinaison rapide des lignes d'écoulement des eaux qui aboutissent à la Méditerranée.

16. Relief du sol. — On appelle montagne une élévation de terre considérable (voir fig. 8). Les pentes par lesquelles on gravit une montagne s'appellent *versants*. Les versants sont désignés et distingués par leur position, suivant qu'ils sont tournés vers l'Orient, l'Occident, le Septentrion ou le Midi. La partie supérieure d'une montagne s'appelle *sommet*, la partie inférieure qui se trouve au niveau de la plaine s'ap-

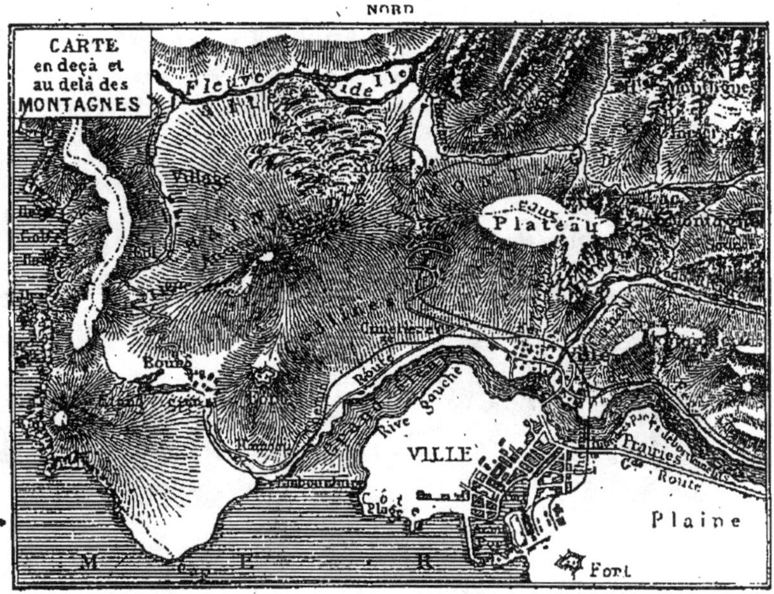

Fig. 9. Carte en-deçà et au-delà des montagnes.

pelle *base*. L'aspect des montagnes n'est pas toujours le même, les unes s'élèvent par des pentes rapides, sillonnées de ravins profonds et se terminent par des pics élevés et aigus, comme les Alpes, par exemple; d'autres s'élèvent en pentes plus douces et se terminent par des crêtes plus ou moins arrondies, comme les monts Jura, les Vosges. En Algérie, les montagnes ont à peu près l'aspect des Alpes. Ces montagnes s'élèvent à l'extrémité des plaines comme des barrières infranchissables; les versants sont découpés par des vallées profondes d'où s'écoulent des torrents impétueux au moment de la fonte des neiges; elles se terminent par des pointes assez aiguës qui se perdent dans les nuages.

Sur les cartes (fig. 9) on représente les montagnes par des hachures à l'aide desquelles on figure les ombres que pourraient projeter les versants des montagnes.

Une suite de montagnes occupant une vaste étendue de territoire s'appelle *chaîne* parce que les montagnes qui la forment semblent tenir les unes aux autres comme les divers anneaux d'une chaîne. Des principales chaînes, se détachent d'autres suites de montagnes moins élevées et qui s'abaissent graduellement à mesure qu'elles se rapprochent du rivage de la mer. Ces petites chaînes s'appellent *ramifications*. Ce

Fig. 10. Vue d'un confluent.

sont ces ramifications qui forment lés bassins des ruisseaux ou des rivières.

On appelle *bassin* un vaste territoire ouvert seulement d'un côté et limité sur ses autres côtés par des chaînes de montagnes du versant desquelles s'écoulent des sources, des ruisseaux, des rivières qui viennent se jeter dans un cours d'eau plus considérable coulant dans la partie la plus basse du bassin. Le cours d'eau qui, après avoir reçu tous ceux qui s'écoulent des versants des montagnes limitant le bassin, porte ses eaux directement à la mer s'appelle *fleuve*. Les rivières qui portent leurs eaux dans un fleuve sont les *affluents* de ce fleuve et le point où les deux cours d'eau se réunissent s'appelle *confluent* (voir fig. 10).

17. — L'Algérie est traversée de l'est à l'ouest par

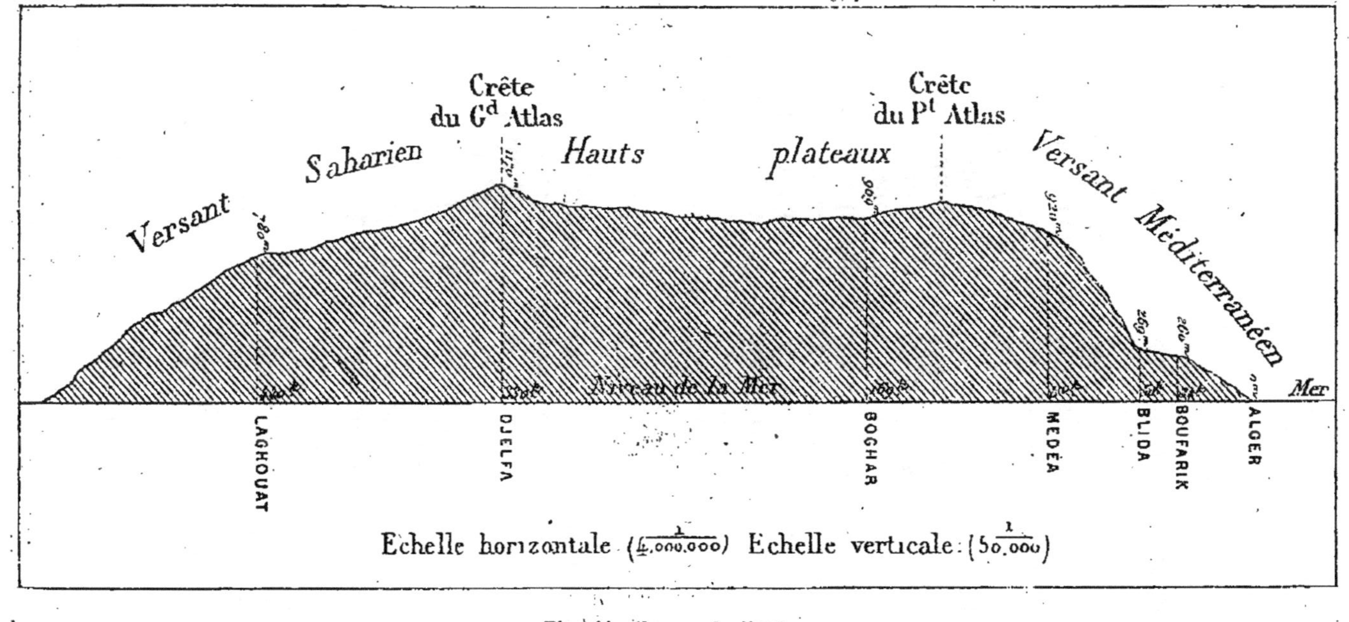

Fig. 11. Coupe de l'Atlas.

une grande chaîne de montagnes qui la partagent en deux grands bassins. Les cours d'eau qui prennent leur source dans le versant nord vont se jeter dans la mer Méditerranée ; ceux qui s'écoulent du versant méridional, arrosent les bords du Sahara, se perdent dans les sables ou vont se jeter dans les chott', dont nous parlerons plus loin.

Cette grande chaîne de montagnes, connue sous le nom de GRAND-ATLAS (fig. 11), est formée d'une suite de crètes élevées dont les principales sont: le *Djebel-Aurès*, le *Djebel-Amour*, le *Djebel-Bou-Kahil*, le *Djebel-Sahari*, le *Djebel-K'san* et le *Djebel-Chellia;* cette dernière montagne s'élève à 2,812 mètres au-dessus du niveau de la mer. Parallèlement à cette grande chaîne de montagnes, dans la partie nord, c'est-à-dire entre le littoral et le grand Atlas, s'élève le *petit Atlas*. Cette chaîne de montagnes forme au sud, à peu de chose près la limite du territoire qu'on désigne sous le nom de *Tell*. Le Tell est compris entre la mer et le petit Atlas. Ce vaste territoire est surtout habité par les Européens. Toutes les cultures du midi de la France de l'Espagne et du Nord de l'Italie y réussissent généralement.

Du petit Atlas, se détachent des ramifications qui s'étendent vers la mer à peu près perpendiculairement à la chaîne principale. Ces chaînes secondaires forment les bassins des rivières et des fleuves qui arrosent le Tell. Les montagnes qui composent le petit Atlas sont : le *Ghorra* près de la Calle, *Djebel-Beni-Salah* au sud de Bône, le *Guerioum* au sud de Constantine, le *Babor* et le *Bou-Taleb* près de Sétif, le *Dira* près d'Aumale, le *Djejera* au sud-est d'Alger, les monts *Matmatas* au sud d'Orléansville, le *Zakkar* au nord de Miliâna, le *Djebel-Beni-Smiel* au sud de Tlemcen.

18. — Les ramifications les plus importantes sont : La *Dahara* entre Ténès et Mostaganem, les collines du *Sahël* au sud d'Alger, et le *Djebel-Edough* au sud-est de Philippeville.

Comme on le voit, le *Tell* est sillonné par un nombre assez considérable de montagnes ; l'Est, c'est-à-dire la province de Constantine, est surtout montagneuse. Cette contrée est couverte de forêts immenses, d'une grande richesse ; les cultures des pays froids de l'Europe y réussissent généralement bien à cause du voisinage des montagnes. Les deux autres provinces sont moins accidentées.

19. — Entre les deux grandes chaînes du grand et du petit Atlas s'étend une zone appelée la région des *Hauts Plateaux* (fig. 12). Les plaines de la H'od'na qui s'y trouvent sont sensiblement plus élevées au-dessus du niveau de la mer que celles du Chélif et de la Mitidja qui se déroulent dans le Tell. C'est aussi dans cette zone que se trouvent les chott' ou les lacs salés qui reçoivent les eaux des rivières qui s'écoulent du versant méridional du petit Atlas et du versant septentrional du grand Atlas. Le niveau de ces chott' est généralement beaucoup plus élevé que le niveau de la mer.

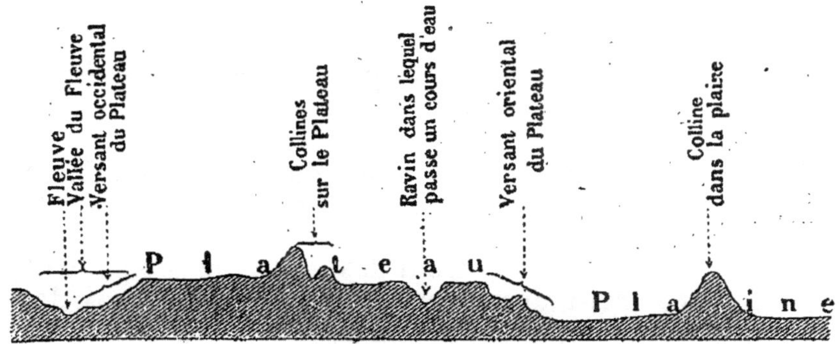

Fig. 12. Coupe d'un plateau.

Cette région est peu fréquentée par les Européens. Les Arabes nomades seuls occupent ce pays avec les postes militaires qui y sont établis pour nous assurer la possession de ces contrées et garder nos frontières du sud.

20. Lacs. — Une vaste étendue d'eau entourée de terre de tous côtés s'appelle *lac*. La partie nord de l'Algérie, à cause de l'inclinaison rapide des versants et des pentes qui s'étendent jusqu'à la mer, renferme très-peu de lacs. On ne peut mentionner que le lac Sebkha au sud d'Oran et le lac Fezâra au sud-ouest de Bône. Dans la zone des *hauts plateaux*, on trouve de grands lacs salés désignés comme nous l'avons déjà dit par le nom de chott'. Les principaux chott' sont ceux d'*El-Z'erbi* et *El Cherki* au sud de la province d'Oran ; ceux du *Zârez* dans la province d'Alger ; et enfin ceux de *Msila*, d'*El-Tarf* et d'*El-Hadjila* dans le sud de la province de Constantine.

21. — Comme nous l'avons dit plus haut, on appelle fleuve un cours d'eau considérable qui porte ses eaux directement dans la mer. Un cours d'eau qui jette ses eaux dans un fleuve ou dans un autre cours d'eau prend le nom de RIVIÈRE. On appelle *source* l'endroit où les eaux d'un fleuve ou d'une rivière surgissent de terre ; l'*embouchure* est l'endroit ou un fleuve entre dans la mer.

22. — Comme on peut s'en rendre compte à l'aide de

Fig. 13. Pente d'un cours d'eau.

la figure ci-dessus (fig. 13) la source d'un fleuve ou d'une rivière est toujours plus élevée au-dessus du niveau de la mer que l'embouchure ; il est facile de comprendre que s'il en était autrement les eaux ne pourraient s'écouler et resteraient stagnantes comme les eaux des lacs ou des étangs. L'élévation d'un lieu au-dessus du niveau de la mer s'appelle *altitude :* c'est pourquoi l'on dit que la source de tel ou tel fleuve, le sommet de telle ou telle montagne est à une altitude de 150, 200, 500, 1000 mètres, etc., etc. Plus l'altitude de la source d'un fleuve est considérable plus le courant de ce fleuve est rapide et impétueux. Le lit d'un cours d'eau quelconque n'est autre chose que le canal dans lequel sont contenues les eaux de ce cours d'eau. On distingue aussi les rives du lit d'un fleuve ou d'une rivière, en rive gauche et rive droite. Lorsqu'on se suppose placé au milieu d'un cours d'eau, la face tournée vers l'embouchure, on a la rive droite à sa droite et la rive gauche à sa gauche. Cette distinction est utile à faire pour indiquer la direction dans laquelle arrivent les affluents.

23. Cours d'eau. — Les cours d'eau qui arrosent l'Algérie ne sont pas navigables. Pendant l'hiver, des pluies abondantes les alimentent et souvent même les font déborder ; tandis qu'en été, les grandes chaleurs font tarir leurs sources. A cette époque, le lit des fleuves et des rivières présente l'aspect d'une suite de petits étangs plus ou moins profonds qui communiquent entre eux par un mince filet d'eau. Le Chélif, par son importance, mérite cependant une mention particulière. Ce fleuve est le seul qui prenne sa source dans la région des hauts plateaux. L'Oued-Taguin qui reçoit l'Oued-Sakeni coule au fond d'une gorge profonde qui coupe le petit Atlas près de Boghar, il reçoit vers cet endroit le Nahr-Ouassel et prend à partir de cet endroit le nom de Chéleff ou Chélif; il décrit un arc de cercle dans la province d'Alger, puis se dirige vers l'ouest à travers une vaste plaine à laquelle il a donné son nom. Ses principaux affluents rive gauche sont : Od. Fodda, Od. Riou, Od. Mina et l'Od Djedionia. Après un parcours de plus de 650 kilomètres, le Chélif vient se jeter dans la mer près de Mostaganem. Ce fleuve, à cause de la force du courant, de son étendue et de sa largeur peut être comparé avec assez d'exactitude au Rhône quoique ce dernier soit plus considérable sous tous les rapports.

24. — Comme nous l'avons déjà dit précédemment, les autres cours d'eau de l'Algérie sont plutôt des torrents que des rivières ayant un cours régulier, c'est pourquoi nous nous contentons de donner dans le tableau ci-après (page 19) la nomenclature et la description des principaux cours d'eau qui arrosent le bassin méditerranéen de l'Algérie.

25. Grande Kabylie. — On donne le nom de grande KABYLIE à cette vaste contrée qui se trouve comprise dans le quadrilatère formé par les lignes qui joindraient les points occupés par les villes de Dellis, Aumale, Sétif et Bougie. Ces quatre villes se trouvent placées au sommet des angles du quadrilatère, ce qui leur donne une importance considérable au point de vue stratégique.

Ce vaste territoire est couvert de hautes montagnes et est arrosé par trois fleuves : l'Isser, le Sebaou et l'oued Sahël.

Les populations indigènes de cette région diffèrent essentiellement des populations arabes du sud. Les Kabyles sont laborieux et actifs, ils savent apprécier et introduire dans leur culture les améliorations que

PROVINCES	NOMS des FLEUVES.	SOURCES.	AFFLUENTS.		CONTRÉES ARROSÉES PAR CHAQUE FLEUVE.
			RIVE GAUCHE.	RIVE DROITE.	
Province d'Oran.	La Tafna.	Prend sa source dans le pays des Angad.	Oued Isser, Oued Abbas.	Oued Mouila.	Ouest de la province d'Oran.
	La Macta.	Ce fleuve est formé par l'Habra, qui prend sa source dans les montagnes de Djafra et par le Sig.	»	»	Ces deux importantes rivières arrosent la plus grande partie de la province d'Oran, et viennent se perdre dans les sables de la Macta.
	Le Chélif.	Ce fleuve est le plus grand cours d'eau de l'Algérie. Il prend sa source dans le Djebel-Amour. Ses deux principales sources sont l'oued Sebgag et l'oued el Berda.	Oued Taguin.	Oued Fod'da. » Isly, » Riou. » Mina.	Le Chélif arrose la province d'Oran, décrit un arc de cercle, arrose l'ouest de celle d'Alger, entre dans celle d'Oran, et se jette dans la mer au nord de Mostaganem.
Province d'Alger.	Le Mazafran.	Ce petit fleuve est formé par la Chiffa et l'oued Jer.	Oued Fatis.	»	Ce fleuve arrose le nord de la province d'Alger, et se jette dans la mer près de Koléa.
	L'Arrach.	L'Arrack prend sa source sur les pentes méridionales du petit Atlas.	Oued Semar. » Djema.	Oued Kerma.	Ce cours arrose la plaine de la Mitidja.
	L'Isser.	Prend sa source dans le plateau des Beni-Sliman.	»	»	Il arrose le nord-est de la province d'Alger.
Province de Constantine.	L'oued Sahel.	Sort du Djebel-Dira.	Oued Bou-Sellam.	»	Arrose la province d'Alger, et l'est de celle de Constantine.
	Le Rummel.	Sort du Guérioum.	Oued Bou-Merzoug.	»	Arrose le centre de la province de Constantine.
	Le Saf-Saf.	Prend sa source près des Mendou.	»	»	Se jette dans la mer près de Philippeville.
	La Seybouse.	Prend sa source dans le plateau de Kakh.	»	»	Arrose l'est de la province de Constantine, traverse les ruines d'Hippone et se jette dans la mer près de Bone.

nous apportons dans la nôtre, de plus ils ne sont point nomades.

La Kabylie, pays encore peu connu, renferme d'immenses richesses minérales et des forêts d'une grande valeur. On en tire de l'huile d'olive, des cuirs, de la cire et des fruits.

26. Petite Kabylie. — Toute la contrée montagneuse qui s'étend de Bougie à Kollo forme la *petite Kabylie*. Cette région est formée d'un réseau de montagnes peu élevées, couvertes de magnifiques forêts de chênes.

27. Plaine de la Mitidja. — Au sud-est d'Alger, s'étend la vaste plaine de la Mitidja, sur une longueur d'environ 100 kilomètres sur une largeur de 20 à 25. Cette fertile contrée est arrosée par l'Arrach et la Chiffa; elle est, de plus, traversée dans le sens de la longueur par le chemin de fer d'Alger à Oran.

Un grand nombre de villages et des fermes considérables se sont élevés dans cette vaste solitude, qui malgré l'activité qu'on y déploie ressemble encore à un pays presque désert. Le lin, le chanvre, le blé, le tabac, le murier y réussissent très-bien.

28. Plaine du Chélif. — La plaine du Chélif, qui fait suite, pour ainsi dire, à la plaine de la Mitidja, s'étend de Miliâna jusqu'à l'embouchure de ce fleuve près de Mostaganem sur une longueur d'environ 220 kilomètres. Cette contrée est très-fertile; elle produit en abondance du blé, du coton et du tabac. La vigne y est cultivée sur une vaste échelle.

29. Plaines de la H'od'na et de la Medjana. — Ces vastes contrées, très-productives en blé, sont situées entre les deux chaînes de montagnes qui traversent l'Algérie de l'est à l'ouest, le grand et le petit Atlas; elles offrent d'excellents pâturages, où l'on élève de nombreux troupeaux de moutons et de gros bétail. Sétif, qui se trouve au nord de ces plateaux, est le centre du commerce de toute cette région.

30. Les Bibans ou Portes de Fer. — A une distance d'environ 40 kilomètres nord-ouest de Bordj-bon-Ariudj, s'élèvent les Portes de Fer, gorge très-étroite et très-profonde formée par des rochers à pic dont la base est baignée par l'oued Mekhlou. C'est en 1839 que le maréchal Valée, à la tête d'une colonne de 3000 hommes, traversa pour la première fois ce dangereux passage. Cinquante hommes placés au sommet de ces rochers pourraient facilement disputer pendant plusieurs jours le passage de ce défilé à une armée de dix mille hommes.

31. Climat. — Le climat de l'Algérie est généralement très-sain, sur tout le littoral. Dans l'intérieur, il existe cependant quelques régions peu cultivées-où règnent les fièvres ; mais les travaux d'assainissement qui ont été faits et ceux qui sont en cours d'exécution feront bientôt disparaître ce grave obstacle à la colonisation. Du 1er novembre au 15 juin, la campagne, en Algérie et dans les environs d'Alger en particulier, offre le coup d'œil que nous admirons en France au printemps et pendant l'été.

D'après le témoignage de tous les médecins qui connaissent l'Algérie, on peut affirmer qu'Alger est une des stations hivernales des plus salutaires pour les malades et les personnes qui supportent difficilement les rigueurs de l hiver dans les pays du nord.

32. Prescriptions hygiéniques. — Dans les plaines, les colons ne doivent jamais aller aux champs avant le lever du soleil, ni sortir de chez eux à jeûn. Une bonne soupe, avec un verre de vin ou une tasse de café noir étendu d'eau, doit composer leur premier repas. En Algérie, on doit s'interdire absolument l'usage des boissons alcooliques telles que l'eau-de-vie, l'absinthe, l'anisette, etc., etc. Pendant l'hiver, il convient de prévenir les changements brusques de température en se couvrant plus chaudement le matin et le soir. En été, à cause des transpirations abondantes et pour éviter les refroidissements subits, on doit se couvrir de vêtements en laine douce ou en coton. Les coiffures que l'on doit rechercher le plus sont celles qui garantissent complétement la nuque de l'action directe des rayons du soleil.

Il faut aux Européens une nourriture abondante et fortifiante : la viande de bœuf et de mouton est un excellent aliment, dont ils doivent user au moins une fois par jour.

On ne peut trop insister sur l'utilité des bains froids ou chauds ; c'est l'un des moyens les plus efficaces de prévenir une foule de maladies.

Dès qu'on se sent atteint d'un accès de fièvre, il faut avoir recours au sulfate de quinine, en prendre une

dose tous les jours et continuer au moins une se-
maine, après que le dernier accès a disparu. On ne
doit jamais négliger de voir un médecin, si les accès
sont fréquents et violents.

La diarrhée est une maladie très-fréquente en Algérie.
On peut la prévenir en portant une ceinture de fla-
nelle sur le ventre, en s'abstenant de manger des
fruits aqueux ou de boire de l'eau pure. Si l'on est
atteint de cette indisposition, il faut immédiatement
se reposer pendant quelques jours, manger un peu
moins, boire de l'eau de riz ou de l'eau dans laquelle
on aura délayé des blancs d'œufs. Si la diarrhée per-
siste, il faut consulter un médecin.

Résumé de la 1re partie.

I. Bornes. — L'Algérie est bornée au nord par
la mer *Méditerranée*, à l'est par la *Tunisie*, au
sud par le *Sahara* et à l'ouest par le *Maroc*.

II. Rades. — Les principales rades sont celles
de *Bône*, *Kollo*, *Bougie*, *Alger*, *Arzew* et *Oran*.

III. Caps. — Les principaux caps sont ceux de
Garde, *de Fer*, les caps *Carbon*, *Corbelin*, *Bengut*,
Matifou, *Caxine*, *Ténès* et *Falcon*.

IV. Montagnes. — Les principales montagnes
qui forment le petit Atlas sont : Le *Ghorra*, le
Djebel-beni-Salah, le *Guérioum*, le *Babor*, le *Bou
Taleb*, le *Dira*, le *Djerjera*, les *monts Matmatas*,
le *Zakkar*, le *Djebel-beni-Smiel*.

Les montagnes qui forment le grand Atlas sont :
Le *Djebel-Aurès*, le *Djebel-Bou-Kaïl*, le *Djebel-
Sahari*, le *Djebel-Ksan*, le *Djebel-Chellia* et le
Djebel-Amour.

V. Cours d'eau. — Les principaux cours d'eau
sont : La *Tafna*, la *Macta*, le *Chélif*, le *Mazafran*,
l'*Arrach*, l'*Isser*, l'*Oued-Sahel*, le *Rummel*, le
Saf-Saf, la *Seybouse*.

VI. Lacs. — Dans le Tell, on ne trouve que deux

lacs ceux de *Fezara* et de *Sebkha*. Dans la région des hauts plateaux, on trouve les chott' *d'El-Zerbî*, *d'El-Cherki*, *du Zârez*, *de Msila-d'El*, *Tarf*, *d'El-Hadjilâ*, et *d'El-Mierglim*.

VII. Climat. — L'Algérie est généralement très-salubre, l'hiver y est doux et facile à supporter.

DEUXIÈME PARTIE

GÉOGRAPHIE POLITIQUE ET ADMINISTRATIVE.

33. Notions historiques. — L'Algérie faisait anciennement partie de la Numidie, vaste contrée qui s'étendait sur les côtes septentrionales de l'Afrique. Carthage, bâtie à peu de distance de l'emplacement où s'élève aujourd'hui Tunis, était la ville la plus florissante et la plus puissante du nord de l'Afrique ; elle fût même la rivale de Rome. Après une lutte de plus d'un siècle, Carthage tomba au pouvoir des Romains avec toute la Numidie. Cette belle contrée prit alors le nom de Césarée, et eut pour capitale Cæsarea, (aujourd'hui Cherchell.)

Après la chute de l'empire romain, les peuples qui habitaient la Numidie et la Mauritanie vécurent dans l'indépendance, durant un siècle et demi environ.

Vers l'an 650 (après J.-C.), les Arabes, poussés par le désir d'étendre leurs conquêtes et celui de propager la religion de Mohammed, pénétrèrent en Afrique et soumirent successivement l'Egypte, la Numidie, la Mauritanie et l'Espagne. Ils entrèrent même en France, d'où ils furent chassés par Charles Martel, qui les écrasa près de Poitiers, en 732.

A l'approche des Arabes, les anciens Numides et les descendants des colons romains, ne pouvant lutter contre des ennemis aussi redoutables, se retirèrent dans les montagnes, où ils vécurent isolés pendant plusieurs siècles. On prétend que c'est d'eux que descendent les Kabyles, et c'est ainsi que l'on explique la différence que nous constatons aujourd'hui dans le langage et les divers types qui distinguent le vrai Kabyle de l'Arabe d'origine asiatique.

Charles-Quint essaya en vain de faire la conquête de ce pays. L'armée et la flotte de l'Empereur furent cruellement éprouvées dans cette malheureuse expédition. Plus tard l'Empire ottoman, foyer de l'Islamisme, ne tarda pas à étendre sa domination, sur tous les pays où la religion musulmane était pratiquée. Les Turcs se faisaient largement payer leur soi-disant protection, et laissaient aux Arabes toute leur liberté.

Sûrs de pouvoir résister victorieusement aux attaques des peuples de l'Europe, les Arabes se livrèrent alors à la piraterie. Bientôt la mer Méditerranée fut infestée de pirates arabes, dont le principal repaire était Alger.

Châtiés une première fois par Louis XIV, qui envoya l'amiral Duquesne bombarder Alger, les Arabes acceptèrent toutes les conditions qui leur furent imposée s ; mais ils violèrent le traité dès que la flotte française eut gagné le large. Cet état de choses dura jusqu'en 1830, époque à laquelle nos établissements fixés à la Calle, pour la pêche du corail, furent ruinés et détruits par ordre du Dey Husseyn. Ce dernier refusa d'indemniser le gouvernement français et les victimes de cette odieuse spoliation. Dans un entretien que le consul de France eut avec le Dey, celui-ci, transporté de colère en voyant l'attitude digne et résolue de notre représentant, le frappa avec son éventail. Pour venger cet affront, Charles X envoya une escadre pour bloquer Alger ; mais le blocus ne put être effectif. Quelque temps après, un envoyé français, chargé d'une mission conciliatrice, se retirait sans avoir réussi, lorsque son vaisseau, au sortir du port d'Alger, fut salué d'une pluie de boulets. Ce dernier outrage hâta le départ du corps expéditionnaire qui devait châtier les Arabes. Après une heureuse traversée, la flotte commandée par l'amiral Duperré arriva en vue d'Alger, le 13 juin 1830. L'armée de terre composée de 37,000 hommes avait à sa tête le comte de Bourmont. Pour tromper l'ennemi et faciliter le débarquement des troupes, les Français feignirent de vouloir aborder la plage du côté de Mustapha ; les Arabes se portèrent en masse sur les coteaux qui dominent la rade. Pendant la nuit du 13 au 14 juin, à la faveur d'un épais brouillard et d'une brise assez forte, une grande partie de la flotte se dirigea sur Sidi-Ferruch, à six lieues ouest d'Alger. Ce côté étant faiblement occupé par l'ennemi, le débarquement put s'opérer dès trois heures du matin ; aussitôt, les soldats français prirent possession de la plaine de Staoueli, où se livra, quatre jours plus tard, la fameuse bataille qui devait décider du sort d'Alger et du succès de cette vaste entreprise. Le 5 juillet suivant, à dix heures du matin, les Français entraient en vainqueurs à Alger. Le soir du même jour, le Dey Husseyn quitta son palais de la Casba pour ne plus y rentrer et aller mourir en exil. Depuis cette époque jusqu'en 1857, les Français n'ont fait que guerroyer dans cette contrée ; ils ont successivement soumis toutes les parties du territoire qui s'étend depuis la régence de Tunis jusqu'au Maroc, et depuis le littoral jusqu'au Sahara.

34. Divisions administratives. — L'Algérie est actuellement divisée en trois provinces dont les chefs-lieux sont : ALGER, ORAN et CONSTANTINE. Le territoire de chaque province est partagé en deux parties : la partie nord, c'est-à-dire le littoral, forme un département administré par un préfet. On donne à cette division territoriale la dénomination de territoire *civil* par opposition à celle de territoire *militaire* donnée à la partie sud. Cette dernière est administrée par des officiers de l'armée sous l'autorité directe du gouverneur général civil.

Le gouvernement et la haute administration de la colonie sont centralisés à Alger sous l'autorité du gouverneur général civil, qui correspond directement avec le chef du pouvoir et avec le ministre de l'Intérieur.

Le Gouverneur est assisté d'un conseil supérieur composé des préfets de chaque département, des généraux commandants les provinces, du vice-amiral commandant la station navale, du Premier Président de la Cour, du Recteur de l'Académie, de six autres membres nommés par le pouvoir, sur la présentation du Gouverneur, et de dix huit conseillers généraux nommés par leurs collègues au nombre de six par province.

Comme nous l'avons dit précédemment, chaque province est divisée en territoire civil et en territoire militaire ; mais d'après les mesures qui viennent d'être arrêtées, les principaux centres qui pourront être érigés en communes seront successivement rattachés au territoire civil.

Pour tout ce qui regarde l'administration des communes, la perception des impôts, les postes, l'enregistrement, etc., etc., la colonie est soumise aux mêmes lois que la métropole. Il faut faire remarquer cependant que le service des contributions diverses réunit une partie des fonctions partagées, en France, entre les administrations des contributions indirectes et les recettes municipales.

On appelle *département* une portion plus ou moins grande du territoire français : les départements n'ont pas une forme régulière ; mais, pour se faire une idée à peu près exacte de leur étendue, on peut admettre qu'ils présentent une superficie de 140 à 160 lieues carrées, c'est-à-dire 12 ou 14 lieues de longueur sur 10 ou 12 de largeur.

En Algérie, les départements ont une étendue au moins trois fois plus considérable ; car les villes et les villages sont disséminés sur un vaste territoire, et leur population totale n'atteint pas même le chiffre de celle du plus petit département français. Comme en France, les départements algériens sont administrés par un préfet assisté du conseil général. Les membres de ce conseil sont élus par le suffrage universel à raison d'un membre par circonscription cantonale.

35. Attributions principales du Conseil général. — Le Conseil général vote le budget du département, c'est-à-dire qu'il fixe la quotité des impôts à percevoir pour le compte du département et de l'Etat et détermine les dépenses à faire pour les services départementaux. Il statue sur les demandes en réduction d'impôts formées par les communes et les arrondissements ; il contrôle l'emploi des fonds du département. Il classe les chemins de grande communication et nomme une commission départementale chargée de veiller, dans l'intervalle des sessions, à l'exécution des mesures qui ont été prises.

Le Conseil de préfecture et un tribunal administratif chargé de statuer sur les différends qui peuvent surgir entre les divers services de l'administration. Il connaît aussi les demandes en dégrèvement d'impôts formées par les particuliers, les questions relatives à la voirie ; les difficultés concernant les élections départementales et municipales.

En territoire militaire, le pays est divisé en cercles comprenant plusieurs tribus. Chaque cercle est administré par un bureau arabe, composé d'officiers et d'interprètes. Tous les pouvoirs sont centralisés entre les mains du chef de bureau. A la tête des tribus se trouvent placés des caïds nommés par l'autorité française et placés sous la dépendance immédiate du bureau arabe.

36. Justice. — Alger est le siége d'une Cour d'appel qui comprend dans son ressort les tribunaux de première instance d'Alger, Blida, Tizi-Ouzou, Oran, Mostaganem, Tlemsen, Constantine, Bône, Sétif et Philippeville.

A Alger, Oran, et Constantine, siégent les Cours d'assises. Ces Cours sont composées de jurés désignés par le sort, d'un conseiller à la Cour d'appel, remplissant les fonctions de président, et deux autres conseillers remplissant les fonctions d'assesseurs.

37. Instruction publique. — En Algérie, l'instruction publique est placée sous l'autorité directe du ministre de l'instruction publique, sauf le service des écoles mixtes arabes-françaises, qui dépend du Gouverneur général.

Alger est le chef-lieu d'une Académie qui est administrée par un recteur assisté de trois inspecteurs d'Académie en résidence à Alger, Oran, et Constantine.

L'enseignement supérieur comprend : une école préparatoire de médecine dépendant de la Faculté de médecine de Montpellier, et trois chaires publiques de langue arabe, établies au chef-lieu de chaque province.

L'enseignement secondaire est donné au lycée d'Alger et dans les colléges communaux de Bône, de Constantine et d'Oran.

On ne compte encore en Algérie que 430 écoles primaires environ, dirigées par plus de 680 instituteurs ou institutrices. Une école normale d'instituteurs a été créée à Alger en 1865 pour former les jeunes maîtres et les initier à l'emploi des méthodes nouvelles et à la pratique des nouveaux procédés d'enseignement.

38. Cultes. — Comme en France, l'exercice de tous les cultes est autorisé en Algérie.

Les trois provinces forment chacune un diocèse. Les évêchés d'Oran et de Constantine dépendent de l'archevêché d'Alger.

Un consistoire central établi à Alger s'occupe des intérêts communs de toutes les églises protestantes de l'Algérie.

Les consistoires israélites institués dans les trois chefs-lieux des provinces de l'Algérie règlent toutes les affaires qui concernent le culte israélite.

Le culte musulman comprend quatre rites différents : celui d'El-Maléki, d'El-Hanefi, d'El-Chefaï et d'El-Hambli. Les Arabes algériens appartiennent aux deux premiers rites.

DÉPARTEMENT	CHEF-LIEU du Département.	SOUS-PRÉFECTURES.	Villes principales du Département.
Alger.	Alger.	Miliana. Dellis	Blida, Médéa, Orléanville.
Oran.	Oran.	Mostaganem, Tlemsen et Mascara.	»
Constantine.	Constantine.	Bône, Guelma, Philippeville et Sétif.	»

39. Population. — Sous le rapport numérique, la population de l'Algérie, peut se décomposer ainsi qu'il suit :

Français	150,000	habitants
Espagnols.	47,000	—
Italiens.	15,000	—
Anglo - Maltais.	8,000	—
Allemands	5,000	—
Étrangers de nationalités diverses.	2,000	—
Israélites indigènes.	45,000	—
Kabyles (race pure ou mélangée).	900,000	—
Arabes d'origine asiatique . . .	800,000	—
Population totale de l'Algérie.	1,972,000	—

Les fonctions administratives, civiles ou militaires, sont remplies par des Français ; un grand nombre de ces derniers se livrent à l'agriculture, au commerce et à l'industrie.

Les Allemands, un grand nombre d'Espagnols et de Maltais, font, de la culture des terres, leur principale occupation. Ils cultivent généralement bien et savent tirer un excellent parti de tous leurs produits ; mais la majeure partie des sujets appartenant à ces deux dernières nationalités font le petit cabotage ou se vouent au commerce. Les Italiens se livrent presque exclusivement à la pêche.

Les Iraélites indigènes occupent tous les degrés de l'échelle commerciale, depuis l'armateur jusqu'au plus petit commerçant ou marchand ambulant.

La population indigène arabe se décompose en plusieurs classes d'individus, d'origines différentes, ayant des aptitudes et des occupations spéciales.

Les Maures se livrent au commerce, fabriquent des étoffes de soie ou des objets en peau ou en cuir.

Les Kabyles sont actifs, sobres et laborieux. On les emploie dans les chantiers, dans les ports de mer et dans les fermes.

Les Mozabites, originaires du Mzab, contrée située au sud et à 200 lieues d'Alger, exercent les professions de bouchers, fruitiers, meuniers, marchands de charbon, etc., etc.

Les Biskris viennent des environs de Biskra. Ils se font canotiers, portefaix, porteurs d'eau, etc., etc.

Enfin les Arabes de la plaine, d'origine asiatique sont indolents ; ils aiment peu le travail, ils n'ont d'autres occupations que de faire paître leurs troupeaux, dont ils vendent les produits, sans chercher à améliorer leur situation en modifiant leurs habitudes traditionnelles.

Résumé de la 2e partie.

I. — L'Algérie a été successivement habitée par les *Numides*, les *Maures* et les *Arabes*, ces divers peuples ont passé sous la domination des Romains, des Turcs et des Français. Ces derniers ont débarqué pour la première fois en Algérie le 14 juin 1830. Le 5 juillet suivant, ils entraient en vainqueurs dans la ville d'Alger.

II. — L'Algérie est administrée par un gouverneur général civil assisté du conseil supérieur. Les trois départements algériens ont chacun leur préfet et leur conseil général. Alger est le siége d'une cour d'appel, d'une académie, d'un archevêché, c'est aussi le chef-lieu d'une division militaire.

III. — La population européenne s'élève au chiffre de 227,000, celui de la population indigène est de 1,745,000.

TROISIÈME PARTIE.

GÉOGRAPHIE AGRICOLE.

40. — Le sol de l'Algérie est presque partout d'une merveilleuse fertilité. Les productions des régions tropicales réussissent généralement bien dans les plaines basses formant les bassins des cours d'eau qui se jettent dans la Méditerranée. La seconde région, qui comprend les plateaux les moins élevés, peut être comparée à la Bourgogne pour son climat et ses productions. La troisième zone, qui est celle des steppes, présente de vastes plaines nues et presque sans végétation. Enfin la quatrième zone s'étend jusqu'au désert : c'est là que mûrissent les dattes.

41. Principales productions de l'Algérie. — On récolte en Algérie des céréales en très-grandes quantités (*blé, orge, avoine, maïs, millet*). La culture du *lin*, du *chanvre*, de la *ramie*, du *tabac*, des *graines oléagineuses*, y réussit très-bien. Ces divers produits font l'objet d'un commerce étendu avec la France.

Pendant la guerre d'Amérique, on fit en Algérie des essais ayant pour objet la culture du *cotonnier*.

Cette tentative fut couronnée d'un plein succès, et, depuis, cette culture, qui offre aux colons une large rémunération de leur travail, a pris une extension considérable.

La *vigne* réussit aussi dans toute l'Algérie, sauf dans l'Atlas et dans les régions voisines du Sahara. Les vins récoltés en Algérie, à Médéa, dans la plaine du Chélif, jouissent d'une réputation justement acquise. Cependant, pour être vrai, il faut ajouter que ces vins ne peuvent être comparés, pour leurs qualités aux bons vins de France; ils sont généralement trop alcooliques, et, sous ce rapport, ils se rapprochent beaucoup des gros vins d'Espagne.

Outre les plantes fourragères qui croissent en France, sans culture, l'Algérie produit encore une grande quantité d'autres plantes de la même espèce, qui donnent un excellent fourrage pour la nourriture et l'engraissement des bestiaux. Les prairies artificielles de *luzerne*, de *sainfoin*, etc., réussissent bien, surtout dans les terrains faciles à arroser.

Nous ne ferons que citer, pour leur utilité, l'*alfa*, le *palmier nain* et l'*agave d'Amérique,* vulgairement appelé *aloës*. Les filaments que l'on retire de ces plantes, qui croissent spontanément, et dans les plus mauvaises terres, servent à la fabrication des paniers, des corbeilles, des nattes, des chapeaux, des câbles, etc., etc.

Les plantes propres à fournir des essences qui sont cultivées ou même qui croissent spontanément en Algérie, sont: le *géranium rosat,* le *jasmin,* le *cassis,* la *menthe,* le *myrte,* le *rosier,* le *thym,* la *tubéreuse,* la *violette* et la *verveine*. Parmi les plantes tinctoriales dont la culture réussit en Algérie, nous citerons : la *garance,* le *henné* employé avec succès pour teindre la soie en noir, le *sumac* utilisé par les indigènes pour la préparation des cuirs dits marocains, et la *noix de Galle*.

Pendant l'hiver, la douceur du climat permet de cultiver, sur tout le littoral, des légumes verts de toute espèce. Cette culture se fait sur une grande échelle, et les nombreux produits qu'on en tire sont expédiés comme *primeurs* à Marseille, Lyon et Paris.

Les principales essences qui composent les richesses forestières de l'Algérie sont : Le *chêne-liége,* le *chêne-*

vert, le *cèdre*, le *pin d'Alep*, le *lentisque*, le *thuy[1]*,
l'*olivier*, l'*orme* et le *frêne*.

Le *figuier*, l'*oranger*, le *citronnier*, le *mûrier*, l'*a-
mandier*, et le *jujubier* croissent en pleine terre.
L'*eucalyptus*, le *platane* et le *caroubier* se développent avec une grande rapidité et atteignent dans l'espace de quelques années des proportions considérables.

42. Bétail. — Les *chevaux arabes*, regardés
comme les types les plus parfaits de l'espèce, sont
sobres et vigoureux; ils supportent facilement les pri-
vations et rendent de grands services à l'agriculture.
L'âne, le *mulet* et le *chameau* sont très-répandus en
Algérie. On s'en sert spécialement pour le transport
des produits agricoles à travers les montagnes où les
routes font encore défaut. Les *bœufs* du pays sont de
petite taille, robustes, très-sobres; on s'en sert pour la-
bourer et pour tous les travaux relatifs à l'agriculture.
On élève aussi de nombreux troupeaux de *moutons* et
de *chèvres* qui font l'objet d'un grand commerce entre
l'Algérie, la France et l'Espagne.

43. Gibier. — Le gibier est très-abondant en Algérie. On y trouve : le *lièvre*, le *lapin sauvage*, le
porc-épic, le *sanglier*, le *cerf*, le *moufflon*, et la *ger-
boise*. La *perdrix*, la *caille* peuplent les bruyères,
tandis que la *poule de Carthage*, la *bécasse*, la *bécas-
sine*, le *canard sauvage* et le *flamant* habitent les
marais. Dans le sud, on trouve de grands troupeaux de
gazelles et *d'autruches*. Les dépouilles de ces dernières sont d'un grand prix, les plumes de leurs ailes
se vendent au poids de l'or.

Les animaux carnassiers sont peu nombreux aujour-
d'hui surtout dans les régions qui commencent à être
peuplées. Le *chat-tigre*, la *panthère*, le *chacal*, l'*hyène*,
et le *lion* sont les seuls animaux dont l'homme ait à
redouter la présence dans l'intérieur de l'Algérie.

Tableau statistique des productions de l'Algérie.

DÉSIGNATION des PRODUCTIONS.	NOMBRE D'HECTARES CULTIVÉS dans la province			MOYENNE de la RÉCOLTE ANNUELLE.	OBSERVATIONS.
	d'Alger.	d'Oran.	de Constantine.		
Céréales, Blé, Orge, etc.	775,000	850,000	1,000,000	24,000,000 hectol.	Cette culture augmente chaque année.
Coton.	600	3,000	450	320,000 kilogr.	— reste à peu près stationnaire.
Chanvre et Lin	300	500	400	360,000 id.	— progresse dans les provinces de l'est.
Huile d'olive	»	»	»	850,000 hectol.	— progresse considérablement.
Oranges.	»	»	»	100,000 quint^x.	— ne varie pas sensiblement.
Tabacs	1,000	3,000	1,500	4,000,000 kilogr.	— varie peu.
Soie (Cocons)	»	»	»	4,560 id.	— progresse faiblement.
Vins	»	»	»	170,000 hectol.	— prend assez d'extension sur le littoral.

Résumé de la 3e partie.

I. CÉRÉALES. — *Blé, orge, avoine, maïs, seigle, millet.*

PLANTES TEXTILES. — *Lin, chanvre, ramie.*

ID. TINCTORIALES. — *Garance, sumac, noix de Galle, henné.*

CULTURES DIVERSES. — *Tabac, coton, vigne.*

ARBRES FORESTIERS. — Le *chêne-liége*, le *chêne-vert*, le *cèdre*, le *pin* d'*Alep*, le *thuya*, l'*olivier*, l'*orme* et le *frêne*.

ARBRES FRUITIERS. — Le *figuier*, l'*oranger*, le *citronnier*, le *mûrier*, le *jujubier*.

ANIMAUX DOMESTIQUES. — Le *cheval*, l'*âne*, le *chameau*, le *bœuf*, le *mouton* et la *chèvre*.

GIBIER. — Le *lièvre*, le *lapin*, le *sanglier*, le *cerf*, le *moufflon*, la *caille*, la *perdrix*, la *poule de Carthage*, la *gazelle*, l'*autruche*.

QUATRIÈME PARTIE.

GÉOGRAPHIE INDUSTRIELLE ET COMMERCIALE.

44. Richesses minérales. — Les mines de l'Algérie sont riches et abondantes. Quinze ont été concédées ; mais elles ne sont pas toutes exploitées. Parmi les plus importantes on doit citer celles de *fer* de *Souma* (province d'Alger), de *Karizas* (province de Constantine), celle de *Kefoum-Théboul* de la même province qui donne du *plomb argentifère*, mélangé de *cuivre* et de *zinc* ; celle de *mercure* de Guelma, celle de *cuivre* de *Mouzaïa*, de *plomb* de *Gar-Rovban* (province d'Oran).

On connaît des gisements d'*antimoine*, de *zinc*, de *cuivre blanc* ; mais les produits de ces mines ne pourraient couvrir les frais d'exploitation.

La réputation des *marbres* de la Numidie remonte

à la plus haute antiquité. Les Romains ont exploité les principales carrières de marbre que nous connaissons aujourd'hui. Les *marbres* de Filfila près de Philippeville peuvent rivaliser avec ceux de Carrare. On en trouve de toutes les nuances. Bleu nuancé de noir, pourpre nuancé de blanc, rose et vert, etc., etc. *L'onyx* d'Aïn-Tombalek, près la route d'Oran à Tlemsen, est d'autant plus précieux qu'il n'existe nulle part des marbres de cette qualité et de cette nuance. Il faut encore mentionner les carrières du cap Matifou, celles de Sidi-Yahia près de Bougie et enfin celles de marbre blanc veiné de bleu du cap de Garde.

On trouve en Algérie beaucoup de sources d'*eaux thermales* dont les propriétés sont aussi nombreuses que variées. Les ruines que l'on retrouve encore aux bords de ces sources attestent l'importance qu'elles avaient sous les Romains. Dans la province d'Alger, nous citerons celles de Rovigo, d'Hamman-Rhira près de Miliana, la source des Cèdres près de Teniet-el-Had. Dans la province d'Oran, on peut mentionner les sources des bains de la Reine entre Mers-el-Kébir et Oran, celle de Hammam-bou-Hadjar, à 18 kilomètres d'Aïn-Témouchent, enfin celle de Hammam-bou-Hanifaï, à 20 kilomètres de Mascara. Dans la province de Constantine, on trouve les sources de Sidi-Mimoun et de Sid-Mead, à peu de distance de Constantine, celles de Hammam-Meskoutine, près de Guelma, d'Hamman-bou-Sellam, près de Sétif, de Kasbaïr, près de Djemila.

Les *marais salans* les plus considérables sont ceux du Zarez au sud des provinces d'Alger et de Constantine, ceux d'Arzew et des Akerma dans la province d'Oran.

45. Industrie. — L'industrie algérienne est, pour ainsi dire, encore à l'état naissant; le manque de sécurité, l'absence de combustible minéral, le prix élevé de la main d'œuvre, sont les principaux obstacles qui se sont opposés jusqu'ici au développement de l'industrie européenne en Algérie. L'*ébénisterie*, les *scieries* mécaniques, les *minoteries*, les *filatures de soie*, la fabrication des *cigares*, des *essences*, du *savon*, sont les seules branches d'industrie en voie de prospérité.

46. Voies de communication. — Alger est relié à Oran par la ligne du chemin de fer qui passe par *Boufarick*, *Blida*, *Miliana* (*Affreville*), *Orléansville* et *Relizane*. Cette voie importante traverse dans toute leur étendue les immenses plaines de la Mitidja et du Chélif. Le trajet d'Alger à Oran se fait en 17 heures. Les départs de ces deux villes ont lieu tous les jours, à six heures du matin.

La ligne ferrée de Philippeville à Constantine est déjà livrée à la circulation depuis 1869.

Le tracé de la ligne de Constantine à Alger est fait ; mais les grandes dificultés que l'on aura à vaincre dans les montagnes qui doivent être traversées par cette ligne retarderont peut-être longtemps encore, l'exécution de ces importants travaux.

Des routes très-praticables et bien entretenues relient entre eux tous les principaux centres de populations situés sur le territoire civil. Le territoire militaire, presque exclusivement peuplé par les tribus arabes, est moins bien partagé sous ce rapport. L'usage des voitures étant inconnu aux indigènes nomades, ces derniers transportent leurs produits à travers les sentiers qu'ils se sont frayés dans les montagnes et dans les broussailles.

Les chefs-lieux des trois provinces sont reliés à la métropole par des services maritimes réguliers. En temps ordinaire, la traversée d'Alger à Marseille se fait en 34 ou 35 heures; par le service des bateaux à marche accélérée, elle peut se faire en 30 heures; de sorte que si l'arrivée du bateau coïncidait à Marseille avec le départ du train express, on pourrait se rendre d'Alger à Paris en 45 heures espace de temps moindre que celui que l'on employait à faire le trajet de Paris au Havre avant l'invention des chemins de fer.

Les messageries maritimes, la Cie Talabot, la Cie Claude Clerc, la Cie de Navigation mixte etc., etc., font entre Alger, les principaux ports de l'Algérie et la Métropole un service aussi régulier que l'exigent les besoins du commerce, ce qui contribue à mettre en rapport direct et journalier la colonie avec la France.

47. Commerce. — Les transactions qui font l'objet du commerce intérieur s'accomplissent généralement sur les marchés créés et réglementés par l'autorité administrative. Ces marchés sont établis dans les centres les plus considérables ou dans les lieux déterminés à proximité des tribus les plus importantes. Ils sont approvisionnés de bestiaux, de volailles, de tous les produits que l'on peut recueillir dans la région voisine du marché : tels que fruits, céréales, huiles, laines, cuirs, étoffes, tissus provenant de l'industrie indigène, instruments agricoles, etc. L'Algérie fait en outre avec les principales contrées de l'Europe et de l'Afrique septentrionale un commerce assez actif. Nous donnons ci-après un tableau dans lequel nous indiquons le mouvement commercial annuel des exportations et des importations faites par le commerce de l'Algérie.

CONTRÉES avec lesquelles l'Algérie est en relation.	OBJET DE L'EXPORTATION.	VALEUR des produits exportés.
L'Algérie fournit à :		
LA FRANCE,	Des primeurs (légumes). — Des fruits (oranges, mandarines, citrons, dattes, bananes, figues). — Des céréales (blé, orge, avoine), du tabac, du lin, du chanvre, du coton, des huiles, de la cire, des bestiaux, des laines, des peaux brutes, du minerai de fer, de plomb, de cuivre et de mercure.	45 millions
L'ANGLETERRE,	Des laines, des céréales, de l'alfa, du crin végétal, du lin, du chanvre et du minerai de fer.	3 millions.
L'ITALIE,	Des céréales, du corail, des moutons.	2 millions.
L'ESPAGNE,	Du tabac, des grains, des bestiaux.	7 millions
LA SUÈDE.	Des grains et du minerai de fer.	1 million.
AU MAROC et A TUNIS.	Des tabacs, des ouvrages en peau ou en cuir (objets de sellerie et de sparterie) et des tissus en laine. . .	5 millions.
L'Algérie tire de :		
LA FRANCE,	Des fruits, des vins, des produits chimiques, des tissus de toutes espèces, des ouvrages en cuir ou en peau, des fers forgés, des objets de quincaillerie, des bougies, du savon, denrées coloniales.	162 millions.
L'ANGLETERRE,	Du charbon, des fers, des denrées coloniales sucre, indigo, café, etc., du matériel d'agriculture.	7 millions.
L'AMÉRIQUE,	Des salaisons (graisse et lard). . . .	1 million.
L'ESPAGNE,	Des fruits verts ou secs.	1,500,000 fr.
L'ITALIE,	Des poteries, du riz, des vins. . . .	2 millions.
LA SUÈDE,	Des bois de construction et des fers. .	1 million.
LA RUSSIE et LA GRÈCE.	Des céréales.	5 millions.

Résumé de la 4ᵉ partie.

I. **RICHESSES MINÉRALES.** — *Zinc, cuivre, plomb, mercure, antimoine, marbres.*

II. — **INDUSTRIE.** — Scieries mécaniques, filatures de soie, minoteries, savonneries et fabriques de cigares.

III. — **VOIES DE COMMUNICATION.** — Chemins de fer d'Alger à Oran, de Philippeville à Constantine.

Services maritimes entre Alger, Oran, Philippeville et Marseille.

CINQUIÈME PARTIE.

GÉOGRAPHIE DESCRIPTIVE.

Province d'Alger.

48. Alger. — La ville d'Alger, qui renferme une population de 52,000 habitants, est bâtie en amphithéâtre sur le versant nord-est d'une petite montagne dont la base est baignée par la mer (fig. 14). Le port, formé par deux jetées qui ont près de 2,000 mètres de développement, a une superficie de 90 hectares. Il peut contenir 300 navires de commerce de 100 à 150 tonneaux et plus de 40 vaisseaux de guerre. Les quais magnifiques sur lesquels s'élève la gare du chemin de fer, bordent le port sur une longueur de 1,200 mètres. Le boulevard de la République qui s'étend depuis la porte de France jusqu'au fort Bab-à-zoum, s'élève à l'extrémité des quais sur des voûtes immenses qui forment une succession de portiques. Ces voûtes servent de Docks, de magasins et d'entrepôts. Ces travaux gigantesques ont été élevés sur la plage battue par la mer, qui a été refoulée à une distance de plus de 300 mètres, ce qui a permis de donner au port une profondeur suffisante pour que les gros navires puissent aborder les quais.

Parmi les monuments d'architecture orientale qui

décorent Alger, on doit citer la cathédrale, les deux grandes mosquées, le palais du gouvernement et la grande synagogue. Les édifices modernes les plus remarquables sont le théâtre, la banque, le lycée et tous les hôtels qui bordent la place du Gouvernement et le boulevard.

La statue du duc d'Orléans décore la place du gouvernement, qui est entourée d'une magnifique allée de platanes. A l'extrémité de cette place s'élèvent de beaux palmiers dont la tête se balance au-dessus des massifs de bambous et d'orangers.

Fig. 14. Vue d'Alger.

Alger est entouré de remparts élevés; il est défendu par le fort l'Empereur et par plusieurs batteries établies à l'entrée du port ou sur la côte à une faible distance de cette ville. Alger possède une Bibliothèque, un Musée et une Exposition permanente des produits de l'Algérie, un Arsenal important et un Hôpital militaire très-vaste et admirablement situé.

49. *Blida.* — Blida est une jolie petite ville, située au pied des montagnes de l'Atlas, à l'extrémité de la plaine de la Mitidja. Cette ville est entourée de magnifiques jardins, de vastes orangeries dont les produits sont considérables.

50. Gorges de la Chiffa. — Au sud de Blida, à

18 kilomètres de cette ville se trouvent les *Gorges de la Chiffa* (voir fig. 15), remarquables par leur aspect sauvage et pittoresque. Au fond de cet étroit défilé, la Chiffa roule ses eaux sur un lit de cailloux. De distance en distance, d'énormes blocs de rochers qui, après s'être détachés des flancs de la montagne, ont roulé dans le lit de la rivière forment des espèces de barrages d'où les eaux, après s'être élevées, retombent en cascades.

La route provinciale d'Alger à Laghouat taillée

Fig. 15. Gorges de la Chiffa.

dans le roc sur les flancs de la montagne traverse le col dans toute sa longueur (8 kilomètres environ).

Au milieu des gorges, une vallée profonde s'ouvre et s'étend presque perpendiculairement à la direction de la route. Elle est peuplée de singes qui donnent à ce site un aspect tout particulier.

51. *Médéa et Miliana.* — Ces deux villes sont bâties sur des plateaux élevés, presque également éloignés d'Alger. L'air y est très-salubre. L'été est tempéré, ce qui permet d'y cultiver avec succès les arbres fruitiers qui ne réussissent pas dans la plaine. L'aspect de ces deux villes est riant et pittoresque et tout contribue à en rendre le séjour agréable.

52. *Orléansville*. — Cette ville est située sur la rive gauche du Chélif, à son confluent avec le Tsiraoût ; elle est de création française. Sa position sur la ligne ferrée d'Alger à Oran lui donne une importance toute particulière ; et, il est permis d'espérer que ce centre deviendra bientôt l'un des plus considérables de l'intérieur.

53. *Ténés*. — Situé à l'entrée du col qui fait communiquer la vallée du Chélif avec la mer, Ténèsdeviendra une ville d'une grande importance commerciale dès que son port sera achevé. Bâtie à 50 kilomètres d'Orléansville, cette localité est appelée à devenir l'entrepôt de tous les produits récoltés dans la plaine du Chélif.

54. *Dellis*. — Dellis est le premier port que l'on rencontre en partant d'Alger pour la côte est. Cette ville est le centre du commerce d'exportation de toute la grande Kabylie.

55. *Cherchel*. — Cherchel, célèbre dans l'antiquité, était connu des Romains sous le nom de *Julia Cæsarea*. Cette ville était la capitale de la Mauritanie centrale. Les vestiges des anciens temples, des arènes, des bains, les restes des statues, les fragments des vases antiques que l'on a retrouvés à peu de distance de cette petite ville attestent son ancienne splendeur.

56. *Aumale*. — Aumale, fondée en 1846, fait un commerce considérable de bestiaux, de laines, d'huile et de cuirs. Cette ville est située au pied du Djebel-Dira, sur la route de Constantine et Sétif à Alger.

Le Bordj-Bouïra et le Bordj des Beni-Mansour, postes militaires importants, dépendent d'Aumale.

57. *Fort National*. — Cette forteresse, commencée en 1857, est située sur un plateau élevé de plus de 840 mètres au-dessus du niveau de la mer, il domine la partie nord de la Kabylie.

Province de Constantine.

58. **Constantine**. — La ville de Constantine, l'ancienne *Cirta* des Romains, est bâtie au sommet d'un rocher escarpé dont la base est baignée par le Roumel. Le plateau sur lequel la ville est construite a à peu près la forme d'un rectangle présentant une inclinaison assez considérable dans la direction du nord au sud. L'ancienne ville, ou ville basse, habitée par les indigènes, est traversée par une grande rue qui met en communication directe la ville haute avec la gare du chemin de fer, par le pont d'El-Kantara. Ce pont s'élève à une hauteur de plus de 200 mètres au-dessus du Roumel qui, à cet endroit, se perd sous d'immenses blocs de rochers qui ont roulé dans le ravin et ont été recouverts de terre par des éboulements successifs. Ce travail gigantesque a été primitivement exécuté par les Romains et reconstruit par les Français depuis que cette ville est en notre possession.

La porte de la Brèche, au nord-est de la ville, a été élevée à l'endroit où fut ouverte la brèche par laquelle les Français pénétrèrent dans la ville, le 13 octobre 1837. C'est à cette porte que viennent aboutir les routes de Sétif et de Philippeville.

Le faubourg Saint-Jean est remarquable par l'élégance de ses constructions, son square, au milieu duquel s'élève la statue du maréchal Valée, et la halle aux grains, qui est le plus bel édifice de ce genre, qui ait été construit en Algérie.

Placée au centre de la province du même nom, la ville de Constantine doit à cette heureuse situation l'avantage d'être l'une des villes les plus commerçantes de toute l'Algérie. Il se traite annuellement pour plus de 12 millions d'affaires sur son marché aux grains. Les indigènes exercent une industrie dont les produits font l'objet d'un grand commerce. Elle consiste dans la fabrication des tissus de laine, des tapis et des ouvrages en cuir ou en peau. Constantine a une population de 34,000 habitants.

59. *Bône.* — La ville de Bône, qui renferme une population d'environ 12,000 âmes, a été construite, près des ruines de l'ancienne Hippone, à l'embouchure de la Seybouse. Elle est défendue par une citadelle qui domine la ville et la rade et par quatre autres forts qui en protégent les approches du côté de la plaine. Cette ville est une des plus jolies de l'Algérie ; ses environs sont bien cultivés. Elle fait un commerce considérable d'exportation avec la France et l'Italie.

60. *Philippeville.* — Cette ville est bâtie à peu de distance de l'embouchure du Saf-Saf ; elle fut fondée en 1838 par le maréchal Valée sur les ruines de l'ancienne cité romaine appelée Rusicade. Elle est de création européenne et se fait remarquer par la beauté de ses constructions. Reliée à Constantine par une ligne ferrée, elle est devenue le centre le plus important du commerce de l'est de l'Algérie. Ses environs sont très fertiles.

61. *Sétif.* — Cette ville a été élevée sur les ruines de Sitifis, l'une des villes les plus considérables de la Numidie romaine. Cette ville est une des clefs de la grande Kabylie et l'une des positions les plus importantes du sud de cette contrée. Située au milieu d'une vaste et fertile région, réliée à Constantine et à Alger par une route provinciale, elle est devenue l'entrepôt de tous les produits du Sud.

62. *Stora.* — Stora, bourgade, située à peu de distance de Philippeville, offre un abri sûr aux navires contre les vents du nord et de l'ouest.

63. *Djijelli.* — Djijelli petite ville d'environ 2000 habitants fut presque complétement détruite le 21 août 1856 par un tremblement de terre. Située au centre d'une contrée couverte de forêts, renfermant de grandes richesses minérales, cette ville sera très-importante dès que les navires pourront y trouver un abri certain et que des routes, rayonnant dans tous les sens à l'intérieur, favoriseront l'exploitation des forêts et des mines qui l'entourent.

64. *Bougie.* — Bougie a un excellent port; elle est défendue par une forteresse construite au sommet du mont Couraya. Les Romains la nommaient *Saldae.*

65. *La Calle.* — La Calle, petite ville de 2500 habitants est située, sur un rocher isolé au fond d'une baie, à 15 kilomètres environ de la frontière tunisienne. Cette ville est le centre des pêcheries de corail. On évalue à 30,000 kilogrammes en moyenne la quantité de corail brut pêché aux environs de la Calle.

Province d'Oran.

66. Oran. — Cette ville est bâtie sur le bord de la mer, à 400 kilomètres ouest d'Alger. Elle est entourée d'une enceinte de murailles flanquées de tours et défendue par les forts Saint-Grégoire, Sainte-Croix, Saint-André et Saint-Philippe. La nouvelle Casba et le fort de la Moune défendent la ville du côté de la rade et de la basse ville. Toutes ces fortifications sont l'œuvre des Espagnols, qui ont, à plusieurs reprises, occupé cette ville. Les Français s'en sont rendus définitivement maîtres le 17 août 1831. Les environs sont bien cultivés, riants et pittoresques. La population de cette ville s'élève à 24,000 hab. environ.

Oran fait un commerce important avec l'Espagne et la France. Les produits qui en font l'objet sont : les laines, les cuirs, le tabac, le coton, la garance, le blé et les pâtes alimentaires.

67. *Mostaganem.* — Cette ville est assez importante sous le rapport de la population. Les navires ne peuvent y aborder et y séjourner que par un temps calme, ce qui nuit beaucoup à son commerce d'exportation, qui consiste en blé, huile, laine et bestiaux.

68. *Arzew.* — Arzew, situé à 37 kilomètres est d'Oran est peu important; sa population ne s'élève qu'à 1200 habitants; mais son mouillage est sûr, il offre un refuge assuré en toute saison. C'est l'entrepôt des centres agricoles des vallées du Sig et de l'Habra.

69. *Tlemsen.* — Cette ville, située au sud-ouest de la province d'Oran, est bâtie sur un plateau élevé ; elle a un aspect riant et pittoresque. Au pied de la montagne, où s'élève cette ville qui est dominée par les monts Salla-Setti, se déroule une plaine couverte d'oliviers.

70. *Maskara.* — Maskara est bâtie au sud-est de la province d'Oran, dans une région qui produit du tabac, des céréales, des oliviers et du coton. La culture de la vigne y a pris une grande extension.

71. *Mers-el-Kébir.* — Mers-el-Kebir, désigné par les Romains sous le nom de *Portus magnus*, doit son importance à sa rade, qui est la plus vaste et la plus sûre des côtes de l'Algérie. Cette rade est défendue par un fort élevé sur un rocher qui s'avance dans la mer. Ce fort peut croiser ses feux avec le fort Saint-Grégoire d'Oran et celui de la Moune.

Les observations qui ont été faites, lors des plus grands froids ont donné les résultats suivants :

A Guelma et Batna, le thermomètre est tombé. à 4° ⎫
A Sétif . . . . à 5° ⎪
A Sidi-bel-Abbès . . . . à 6° ⎬ au-dessous de 0.
A Constantine et Miliana . . . . à 4° ⎪
A Boghar et Médéa . . . . à 2° ⎭